Leo & Co.

Das schnelle Glück

AF638396

Alles Digitale zu diesem Buch kann auf der Lernplattform **allango** von Ernst Klett Sprachen abgerufen werden. So geht's:

QR-Code scannen oder **www.allango.net** aufrufen | Buchtitel oder ISBN in der Suche eingeben und auf das Buchcover klicken | Zum Inhalt navigieren, direkt abrufen oder speichern

Dieses Symbol bedeutet, dass zu einem Buch-Abschnitt ein digitaler Inhalt verfügbar ist: **Hörbuch und Lösungen zu den Übungen.**

Ernst Klett Sprachen

Stuttgart

Bildnachweis
37 Klett-Archiv (Johann Büsen), Stuttgart; **60** Klett-Archiv (Sabine Wenkums); **61** 123RF.com (lutsenko), Nidderau; **62** Getty Images (JodiJacobson), München

1. Auflage 1 7 6 5 4 3 | 2028 27 26 25 24

Nachfolger von 978-3-12- 606394-4
Alle Drucke dieser Auflage sind unverändert und können im Unterricht nebeneinander verwendet werden.
Die letzte Zahl bezeichnet das Jahr des Druckes.
Erstausgabe erschienen 2008 bei der Langenscheidt KG, München

www.klett-sprachen.de

Autor und Autorin: Theo Scherling und Elke Burger

Redaktion: Sabine Wenkums
Layout: Kommunikation+Design Andrea Pfeifer
Illustrationen und Umschlagbild: Johann Büsen
Tonregie: Theo Scherling und Sabine Wenkums
Tonaufnahme, -schnitt und -mischung: Andreas Scherling
Tonstudio: Erik Weissberg, White Mountain Studio, München
Produktion: Bild und Ton, München
Sprecherinnen und Sprecher: Ulrike Arnold, Vanessa Daly, Jan Fassbender, Detlef Kügow, Alexander Schenk, Michael Stölken, Peter Veit, Sabine Wenkums, Ememkut Zaotschnyj
Druck und Bindung: Elanders GmbH, Waiblingen

Printed in Germany
ISBN 978-3-12-674098-2

Leo & Co.

Das schnelle Glück

INHALT

DIE HAUPTPERSONEN DIESER GESCHICHTE:

Leo

Leo ist Maler, aber er ist auch ein leidenschaftlicher Koch.

Seine Kneipe *Leo & Co.* ist ein gemütliches Lokal, in dem man gut und preiswert essen kann.

Seine jungen Freunde spielen Lotto und wollen den 10 Millionen Jackpot gewinnen.

Leo bleibt gelassen. Er glaubt nicht an das schnelle Glück.

Anna und Paco

Anna ist Studentin und jobbt in Leos Kneipe.

Sie wohnt bei ihrer Oma Gertrude Sommer.

Annas Freund heißt Paco. Paco liebt Anna. Leider haben die beiden immer viel zu wenig Zeit füreinander.

Vielleicht haben sie bald viel Zeit und machen mit dem Lotto-Gewinn eine Weltreise?

Felipe

Felipe ist Pacos Cousin. Er ist 17 Jahre alt und geht noch zur Schule, aber ungern.

Er träumt vom großen Lottogewinn und hat sich schon mal einen neuen Roller gekauft.

Aber wo ist der Lottoschein?

Benno

Benno wohnt bei Leo im Haus, über der Kneipe. Weil er Leo manchmal hilft, muss er nicht viel Miete bezahlen.

In dieser Geschichte sucht er einen Lottoschein und findet sein Glück ganz woanders.

Anja

Anja ist eine alte Schulfreundin von Benno.

Sie mag die Großstadt nicht und lebt lieber auf dem Land. Sie hat einen großen Garten und bald ist Erntezeit, da gibt es immer viel zu tun.

Zum Glück bekommt sie Hilfe von Benno.

1

Es regnet.
Es regnet schon seit zehn Tagen.
Ein Regensommer.
Paco hat seine Freundin Anna abgeholt und sie machen einen Spaziergang, einen Regenspaziergang.
Anna ist Studentin und arbeitet nebenbei in einer Kneipe.
Paco studiert auch und hat viel zu tun. Die beiden haben wenig Zeit füreinander. Aber sie verbringen jede freie Minute zusammen – auch wenn es regnet.

„Mir ist kalt! Wohin gehen wir eigentlich?“, fragt Anna.
„Keine Ahnung. Einfach ein bisschen rumlaufen“, antwortet Paco.
„Gehen wir ins Kino?“, fragt Anna.
„Jetzt, am Nachmittag? Nee. Hast du Lust auf einen Kaffee?“
„Ich möchte lieber einen Tee! Wo gehen wir hin?“
„Zu Felipe!“
„Zu Felipe? Nach Hause?“
„Nein, mi amor[1], Felipe jobbt doch in der Eisdiele. Und für Familienmitglieder ist der Kaffee dort umsonst.“
Felipe ist Pacos Cousin. Er ist 17 und arbeitet am Nachmittag in einer Eisdiele.
Anna lächelt. „Dann mal los, bevor wir ganz nass sind.“

1 *mi amor*: spanisch *meine Liebe*

Die beiden gehen schneller und sind kurze Zeit später in der Eisdiele.
Felipe steht am Fenster und sieht auf die nasse Straße.
Die Eisdiele ist leer.
„Hola![2] Gerade wollte ich Schluss machen. Kommt rein!"
Anna und Paco begrüßen Felipe.

„Na, was möchtet ihr? Den großen Liebesbecher für zwei?"
„Nein danke, ich nicht. Oder möchtest du ein Eis, Anna?", fragt Paco.
„Sehr witzig! Kannst du mir einen heißen Tee bringen, Felipe?"
„Einen Tee in der Eisdiele!" Felipe lacht. „Aber bei dem Wetter ..."
„Ich möchte gern einen Kaffee."

„Bei uns gibt es keinen Kaffee, lieber Cousin, wir haben Cappuccino, Caffè latte, Latte macchiato, Espresso, ..."
„Ja, ja, schon gut. Einen Cappuccino bitte."

Nach ein paar Minuten bringt Felipe den Cappuccino und den Tee. Er schließt die Eingangstür zu und setzt sich zu den beiden.

Ü1

„Mann, was ist das denn für ein Sommer? Nur Regen, Regen, Regen."
„Ist doch nicht so schlimm", sagt Anna.
„Wir sollten wegfahren. Irgendwohin, wo es warm ist und dauernd die Sonne scheint."
„Super Idee, am besten in die Karibik!", meint Paco.

2 *Hola!* spanisch *Hallo!*

„Tja, dazu brauchen wir aber zuerst einen Lottogewinn. Von meinem Job bei Leo kann ich so eine Reise nicht bezahlen." Anna trinkt ihren Tee.

„Hast du schon mal Lotto gespielt?", fragt Felipe.
„Vielleicht ein-, zweimal", sagt Anna. „Aber Oma Trude spielt jeden Samstag."
„Und? Hat sie schon mal gewonnen?"
„Ich glaube nicht. Oder sie hat es mir nicht gesagt!"
Anna wohnt bei ihrer Oma Gertrude Sommer.

„Ich glaube, jetzt sind 10 Millionen im Jackpot[3]."
„Du bist ja gut informiert. Dabei darfst du doch noch gar nicht Lotto spielen, Felipe."
„Ja, ja, ich weiß. Aber so eine Riesenmenge Geld wäre schon toll."
„Dann müssen wir für dich spielen", sagt Anna.
„Wie meinst du das?"
„Wir können doch einfach einen Schein ausfüllen. Nur so zum Spaß."
„Kannst du vergessen!"
„Wieso?"
„Erstens ist Samstagnachmittag, gleich sechs Uhr. Und zweitens ist hier in der Nähe keine Annahmestelle[4]." Felipe räumt den Tisch ab.

Paco sieht auf die Uhr.
„Es ist zwanzig Minuten vor sechs. Wir haben genug Zeit."
„Wie, du willst jetzt noch in die Stadt fahren? Ohne mich." Anna nimmt ihre Jacke und steht auf.

3 *der Jackpot*: sehr hoher Gewinn bei einem Glücksspiel, z.B. Lotterie
4 *die Annahmestelle*: hier: offizieller Ausdruck für eine Stelle, wo man Lotto spielen / einen Lottoschein abgeben kann

„He, warte doch. Ich habe eine Idee: Benno arbeitet doch gerade im Kaufhaus. Da gibt es einen Lotto-Stand[5]."
Felipe kommt an den Tisch zurück.
„Das ist ja mal eine gute Idee, Alter. Los, ruf Benno sofort an!"
Auch Anna legt ihre Jacke wieder über den Stuhl.
Ü2 „Jetzt brauchen wir nur noch die richtigen Zahlen!"

Ü3

Ü4 5 *der Lotto-Stand:* ugs. für *die Annahmestelle*

„Warum habt ihr gerade diese Zahlen ausgewählt?“, fragt Anna die beiden.
„Ich glaube an Zahlenmagie!“, antwortet Felipe. „Ich habe am siebten Oktober Geburtstag, also eine 7 und eine 10. Außerdem bin ich siebzehn. Also sieben und zehn kommen bestimmt bei der Lottoziehung, da bin ich mir ganz sicher!“
„Und du, mein Schatz?“, fragt Anna Paco.
„Ich? Ich habe mir einfach zwei Zahlen ausgedacht. 15 und 33, reiner Zufall. Hast du denn auch magische Zahlen genommen?“
„Na ja, wie man's nimmt. Heute ist der Siebenundzwanzigste und wir kennen uns seit dreiundvierzig Wochen.“
„Schon so lange? Ich meine, zählst du wirklich noch die Wochen?“ Paco ist überrascht. Ü5

Benno arbeitet seit vier Wochen im Kaufhaus. Er arbeitet als Lagerist. Jeden Tag acht Stunden, im Schichtdienst. Manchmal arbeitet er von 8 bis 16 Uhr, das ist die Frühschicht. Manchmal arbeitet er von 12 bis 20 Uhr, das ist die Spätschicht.
Er nimmt Lieferungen entgegen, kontrolliert die neuen Waren und registriert sie in Listen am Computer. Dann packt er die Waren aus, füllt Regale auf und bringt die leeren Kartons zum Container.
Paco, Anna und Felipe kennt er von Leos Kneipe. Er wohnt dort in einem kleinen Zimmer, direkt über der Kneipe. Manchmal hilft er Leo. Deshalb muss er nicht viel Miete bezahlen.

Heute hat Benno Spätschicht. Es ist kurz vor sechs. Er muss noch zwei Stunden arbeiten. Samstage sind gute Tage, da gibt es nicht so viel zu tun wie am Wochenanfang. Aber jetzt muss er erst mal ganz schnell in den Lottoladen im Erdgeschoss.

Benno steht in einer Schlange vor dem Tresen und wartet. Er sieht immer wieder auf die Uhr. Es dauert ewig[6]! Gleich 18 Uhr.
Ü6 Hoffentlich sieht ihn die Chefin nicht. Endlich! Er ist dran.

Benno geht zum Tisch und nimmt einen Schein. Er kreuzt sechs Kästchen an:
7, 10, 15, 27, 33, 42. Er vergleicht die Zahlen auf dem Schein noch einmal mit seinem Notizzettel, dann geht er wieder zum Schalter. Die Verkäuferin steckt den Tippschein in ein Gerät und die Quittung kommt heraus. Sie gibt Benno den Spielschein und die Quittung.
„Das macht 5,25 Euro.“
Benno bezahlt, nimmt die Quittung und den Schein und steckt sie in seinen Arbeitskittel.
Dann fährt er schnell mit dem Lift zurück ins Warenlager.

6 *ewig*: hier: *sehr sehr lange*

3

20 Uhr.

Endlich Feierabend. Benno zieht seinen Arbeitskittel aus und hängt ihn an die Garderobe. Dann nimmt er seine Jacke und fährt mit der U-Bahn nach Hause.

Er geht auf sein Zimmer, duscht, zieht sich um und steht um 21 Uhr in der Küche von Leos Kneipe.

„Guten Abend, Chef!"
„Ach, hallo, Benno. Na, wie war dein Tag?"
Leo macht gerade die Küche sauber.
Leo ist eigentlich Maler, aber er ist auch ein leidenschaftlicher Koch. Seine Kneipe *Leo & Co.* ist ein gemütliches Lokal, in dem man gut und preiswert essen kann.
„Gibt's noch was zu essen?", fragt Benno.
„Guck mal in den Kühlschrank. Da ist noch eine Lasagne[7]."
„Super. Darf ich mir ein Stück warm machen?"
„Klar. Übrigens, du wirst schon sehnsüchtig erwartet. Geh ruhig schon mal rein, ich bringe dir deine Lasagne. Anna hat ja heute frei."
„Danke, Leo!"
Benno holt sich noch eine Cola und geht ins Lokal.

„Hast du heute Überstunden gemacht, Benno?"
„Sehr witzig! Ich würde am Samstag auch lieber ins Schwimmbad gehen als arbeiten."
„Bei dem Wetter hättest du dann das ganze Schwimmbad für dich allein!"
Am Tisch sitzen Paco, Anna und Felipe.
„Dann ist unsere Tippgemeinschaft[8] ja jetzt komplett!", lacht Paco.
„Sag mal, was bekommst du denn von jedem von uns für den Schein?"
„Lass mal gut sein, Paco. Ich lade euch ein. Ich verdiene ja gut, und wenn wir gewinnen ..."
Leo bringt die Lasagne.
„Plant ihr hier eine Verschwörung[9] oder was?"
„Nein, nur eine Weltreise", sagt Anna.

7 *die Lasagne*: italienisches Nudelgericht
8 *die Tippgemeinschaft*: mehrere Personen spielen gemeinsam Lotto und teilen sich auch den Gewinn
9 *die Verschwörung: ein geheimer Plan*

„Wir haben Lotto gespielt!“, ergänzt Felipe.
„Ach, dann bin ich ja beruhigt. Dann bleibt ihr auch in Zukunft meine Stammgäste[10].“
„Wieso?“, fragt Felipe nach.
„Na ja, die Gewinnchancen sind 1 zu 140 Millionen.“
„Was? So gering?“ Felipe ist enttäuscht.
„Ja, was hast du denn gedacht? Aber probieren kann man's ja trotzdem mal.“
Leo lacht, klopft Felipe auf die Schulter und geht zum Nebentisch.

Am Nebentisch sitzt Klaus Meier. Klaus ist Leos bester Freund. Zusammen mit seiner Tochter Veronika hat er die Kfz-Werkstatt *Meier & Meier*. Am liebsten repariert er Oldtimer[11].
Die beiden Freunde stecken die Köpfe zusammen und reden miteinander.
Klaus hebt sein Rotweinglas und ruft den jungen Leuten zu:
„Na, denn[12] Prost! Auf euren Lottogewinn!“

Ü7

10 *der Stammgast*: jmd. besucht regelmäßig dasselbe Lokal
11 *der Oldtimer*: ein altes, oft seltenes, wertvolles und teures Auto
12 *Na, denn Prost*: norddt. Redewendung, oft ironisch

4

Es hat den ganzen Sonntag geregnet.
Die vier Lottospieler haben fast alle einen faulen freien Tag verbracht:
Paco und Anna waren im Kino, aber der Film war nicht besonders gut. Danach haben sie noch eine Kleinigkeit[13] bei Leo gegessen.
Benno hat fast den ganzen Sonntag geschlafen, Musik gehört und gelesen. Sein einziger freier Tag in der Woche.
Nur Felipe hat gearbeitet. Aber bei dem schlechten Wetter war wenig los in der Eisdiele. Bei Regenwetter haben die Leute keine Lust auf Eis.

Am Montagnachmittag geht Felipe nach der Schule in die Eisdiele.
Er räumt die Geschirrspülmaschine aus. Das Geschirr vom Vormittag.
Dann wartet er auf Kundschaft. Vielleicht kommen am Nachmittag ja ein paar Schüler.
Er macht sich einen Cappuccino und blättert in der Zeitung.
Zuerst liest er immer die Sportseiten. Fußball interessiert ihn am meisten.
Dann sieht er schnell die lokalen Nachrichten durch und zum Schluss liest er die Schlagzeilen der Politik.
Er ist fertig und legt die Zeitung zusammen.

13 *eine Kleinigkeit: ein bisschen, ein kleines Gericht*

Da fällt sein Blick auf die Titelseite:
Die Gewinnzahlen vom Wochenende.
Neugierig nimmt Felipe die Zeitung und liest die Lottozahlen:
7 – 10 – 15 – 27 – 33 – 43
„Sieben und zehn, das sind ja meine Zahlen! Und ich glaube, die 33 und die 43 haben wir auch getippt!"
Felipe ist aufgeregt. Er ärgert sich, dass er die Zahlen nicht mitnotiert hat.
Er muss sofort Benno anrufen. › Ü8

› Ü9

Felipe hat die Zahlen notiert und vergleicht sie mit den Gewinnzahlen aus der Zeitung.
Er vergleicht die Zahlen noch einmal.
„Wir haben gewonnen!!!!!! Fünf Richtige!!! Wahnsinn!"
Er ist total aus dem Häuschen[14].
Er nimmt sein Handy und ruft sofort wieder bei Benno an.
Aber Benno hat sein Handy ausgeschaltet.
Felipe schreibt eine SMS:

> Wir haben gewonnen!
> 5 Richtige!
> 7-10-15-27-33. Die Zahl 42 war leider falsch.
> Heute Abend bei Leo!
> Feiern!!!
> Felipe

Er schickt die SMS an Benno und Paco.

14 *aus dem Häuschen sein: sehr aufgeregt sein*

5

Die Spätschicht ist zu Ende.
Benno zieht seinen Arbeitsmantel aus, packt seine Sachen und geht zur U-Bahn. Am Nachmittag gab es großen Ärger mit seiner Chefin.
„Sie werden hier fürs Arbeiten bezahlt, nicht fürs Telefonieren!", hat sie geschimpft.
„Und wo waren Sie am Samstag um sechs? Mal kurz zum Lottospielen? Während der Arbeitszeit haben Sie an Ihrem Platz zu sein, verstanden? Ich ziehe Ihnen diese Zeit vom Lohn ab!"
Sie hat gar nicht mehr aufgehört.
Benno hat sich entschuldigt. Aber fair war es nicht. Andere Kollegen und Kolleginnen telefonieren viel öfter: mit ihrer Familie oder mit Freunden. Oder sie gehen in den Hof und machen eine Rauchpause. Meistens mehrere.

Bennos Handy piept. Er holt es aus der Tasche und liest die SMS von Felipe.
Er liest sie gleich noch mal. Bestimmt übertreibt Felipe wieder.
Aber jetzt ist Benno sehr aufgeregt. Er bleibt stehen und holt seine Brieftasche aus der Jacke. Er sucht den Lottoschein. Aber in der Brieftasche ist er nicht.
Benno überlegt, was er am Samstag getragen hat.
Jeans, T-Shirt, Jacke. Dieselben Sachen wie heute.
Er sucht in seinen Hosentaschen, in den Jackentaschen und noch einmal in seiner Brieftasche. Kein Lottoschein. Vielleicht hat er

den Schein ja zu Hause rausgenommen und auf den Tisch gelegt. Er geht jetzt sehr schnell weiter und fährt mit der U-Bahn nach Hause.

Er läuft die Treppen hoch und rennt in sein Zimmer.
Auf dem Schreibtisch liegen Zeitschriften, CDs, Schokoladenpapier, ein großes Durcheinander. Benno wird immer nervöser.

Er nimmt noch einmal jede Zeitschrift und blättert sie durch. Vielleicht ist der Schein ja irgendwo reingerutscht. Er ordnet die Musik-CDs. Er wirft die leeren Chipstüten und das Schokoladenpapier in den Papierkorb. Dann durchsucht er den Papierkorb. Kein Lottoschein.

Ü10 Benno setzt sich in seinen Sessel und überlegt.

„Mensch, klar! Der Lottoschein ist in meinem Arbeitskittel! Ich bin kurz vor sechs zur Annahmestelle runtergegangen. Da habe ich den Kittel angehabt. Deshalb hat mich die Chefin ja auch sofort erkannt. Oh Mann!“

Er geht zu seinem Schreibtisch und schreibt groß auf einen Notizzettel:

Dann geht er unter die Dusche, zieht sich an und geht runter in die Kneipe.

„Hallo, Benno!“

„Guten Abend, Leo.“

„Nimm doch bitte gleich das Tablett mit an euren Tisch.“

Auf dem Tresen steht ein Tablett mit einer Flasche Prosecco und vier Gläsern.

„Hat jemand Geburtstag?“, fragt Benno.

„Ja, alle vier!“ Leo lacht und geht zurück in die Küche.

Benno geht mit dem Tablett zum Tisch. Felipe, Paco und Anna strahlen.

„Wer hat den Prosecco bestellt?“, fragt Benno und stellt das Tablett auf den Tisch.

„Ich!“, sagt Felipe. „Jetzt gibt es jeden Tag Prosecco. Millionäre können sich das leisten!“

Anna öffnet die Flasche, schenkt ein und alle stoßen an.

„Auf unseren Gewinn!“

„Wie viel Geld bekommen wir eigentlich? Habt ihr eine Ahnung?“, fragt Anna.

„Eine Menge! Wir können uns jetzt alles leisten!“, sagt Felipe aufgeregt.

„Immer mit der Ruhe. Erst mal die Gewinnquoten[15] abwarten. Aber ein bisschen was für jeden gibt es bestimmt", lacht Paco.
„Wann gibt es denn die Quoten?", fragt Benno.
„Ich sehe morgen mal im Internet nach", antwortet Anna.

Felipe trinkt sein Glas aus. Dann beugt er sich über den Tisch und flüstert leise:
„Wir müssen auf jeden Fall cool bleiben! Niemand soll merken, dass wir jetzt reich sind. Sonst kommen nur die ganzen Schnorrer[16]."
Paco und Anna lachen. Nur Benno ist ein bisschen zu angespannt[17]
Ü11 für einen Lottogewinner.

15 *die Gewinnquote*: zeigt an, wie viel man bei einem Glücksspiel gewonnen hat
16 *der Schnorrer*: ugs. für *der Bettler*
17 *angespannt sein*: Gegenteil von *entspannt sein*

6

Dienstagmorgen.
Um sieben Uhr klingelt der Wecker.
Benno steht auf. Er hat Kopfschmerzen. Er hat nur zwei Gläser Prosecco getrunken, aber er mag keinen Alkohol, am wenigsten Prosecco.
Er beeilt sich. Er will heute vor acht Uhr in der Arbeit sein.

Kurz vor acht ist er im Kaufhaus. Er geht in die Garderobe.
An einem Haken klebt ein kleines Schild: *Benno*. Da hängt sein Arbeitsmantel.
Er sucht in den Taschen.
Kein Lottoschein.
Er sucht noch einmal. Der Mantel sieht ganz sauber aus und frisch gebügelt.
„Komisch", denkt Benno. „In den Taschen war doch auch noch das Wechselgeld? Wo ist das? Hat das jemand geklaut[18]?"

„Guten Morgen, Kollege!"
„Guten Morgen, Samira."
„Na, wie geht's?"
„Hm, ja, ja, ganz okay."
„Was ist los? Stimmt irgendwas nicht?"
„Doch, doch, ich suche nur etwas. Ich hatte was in meinen Mantel gesteckt."

18 *klauen*: ugs. für *stehlen*

„Der wird gerade gewaschen!“, lacht Samira. „Das bekommst du nächste Woche wieder.“
„Wie? Was?“
„Jeden Montag gibt es frische Arbeitskittel. Die alten kommen in die Wäscherei.“
Benno ist nervös.
„Weißt du zufällig, wie die Wäscherei heißt?“
„Oh, das muss aber wichtig sein. Die Adresse einer Verehrerin? Nein, tut mir leid. Aber ruf doch mal im Büro an oder frag die Chefin.“
„Danke, Samira!“
Benno zieht seinen neuen Arbeitsmantel an und geht zu seinem Arbeitsplatz.
Er schaltet den Computer an.
Dann nimmt er das Haustelefon und wählt die Nummer vom Büro.

„Schröder.“
„Guten Morgen, Frau Schröder. Hier ist Benno vom Lager. Ich habe eine Frage. Meine Kollegin hat gesagt, dass unsere Arbeitssachen jeden Montag in eine Wäscherei kommen. Ich habe dummerweise etwas sehr Wichtiges in meinen Mantel gesteckt. Können Sie mir bitte die Adresse der Wäscherei sagen?“
„Moment mal, bitte.“
Benno wartet. Nach einer kleinen Pause meldet sich Frau Schröder wieder.
„Hier ist die Adresse. Das ist die Wäscherei Petersen in Stade.“
„In Stade? Das ist ja ganz schön weit.“
„Tja, vermutlich die billigste Wäscherei in der Gegend. Sie wissen ja, wir müssen sparen.“
„Ja, ja. Vielen Dank, Frau Schröder.“

„Wollen Sie vielleicht auch die Telefonnummer der Wäscherei?"
„Ach so. Ja, gerne."
„Dann notieren Sie mal, junger Mann: 04141 244 4-0."
„Ich hab's notiert. Noch mal vielen Dank, Frau Schröder."
Ü12 „Viel Glück! Tschüs!"

Benno legt auf, dann nimmt er sein Handy und wählt die Nummer. Privatgespräche führt Benno immer mit seinem Handy.
„Benno, kommst du bitte! Die neue Lieferung ist gekommen, wir müssen ausladen! Beeil dich!"
„Ich komme gleich, muss nur noch schnell telefonieren."
„Das kannst du doch später machen. Wir warten! Und die Chefin kommt auch gleich!"
„Mist!"
Benno klappt sein Handy zu und geht zu den anderen.

Nach einer Stunde ist Frühstückspause.
Seine Kolleginnen und Kollegen gehen in die Kantine. Benno
Ü13 geht in den Hof und ruft die Wäscherei an.

7

Dienstagabend.
Endlich schönes Wetter.
Alle Tische vor Leos Kneipe sind besetzt.
Anna hat viel zu tun. Sie arbeitet heute bei *Leo & Co.*
„Zweimal den Gemüseteller und einmal Tomate-Mozzarella!"
Sie bringt das leere Geschirr in die Küche und ruft Leo die neuen Bestellungen zu.
„Mozzarella ist aus! Aber Antipasti[19] gibt es noch."
„Und zwei Gläser Weißwein und eine Apfelschorle!"
„Wo bleibt Benno denn? Er hat heute doch Frühschicht. Ich kann Hilfe brauchen." Leo schwitzt. Er hat viel zu tun.
„Keine Ahnung. Mach du mal das Essen, ich bereite die Getränke vor."
Anna geht zum Tresen und stellt die Gläser auf ein Tablett.
„Hola, Anna! Gibt's noch was zu essen?"
Paco kommt in die Küche und will Anna umarmen.
„Keine Zeit! Hilf mir lieber. Der Weißwein ist für Tisch 2 und die Schorle ist für Veronika."
„Erst einen Kuss!"
Flüchtig gibt Anna Paco einen Kuss auf die Wange.

Eine halbe Stunde später hat Anna ein bisschen Zeit.
Sie setzt sich zu Paco und trinkt eine Cola.
„Uff, ganz schön viel los heute."

19 *Antipasti*: italienisch *die Vorspeisen*

„Na ja, bald musst du ja nicht mehr arbeiten, dann sind wir reich!" Paco lacht.
„Tuuut! Tuut!!"
„Guck mal! Felipe!"
„Wo?"
„Da hinten. Mit einem neuen Roller!"
„Ich glaub's nicht!"
Felipe fährt mit seinem Roller fast bis an den Tisch.
„Hola!"
„Was ist das denn?"
„Das ist mein neuer Roller. Cool, oder?"
„Sag mal, bist du verrückt geworden?"
„Entspann dich, Alter. Ratenkauf! Außerdem bin ich jetzt reich und kann mir kaufen, was ich will!"
„Reich, reich. Was redet ihr denn dauernd? Ich habe heute mal im Internet die Gewinnquoten gecheckt[20]. Wir sind nicht reich! Es gibt einfach ein Taschengeld für jeden!"
Anna holt einen Zettel aus ihrer Jeans.
„Hier, seht mal: Fünf Richtige: 2.458,70 Euro."
„Für jeden?", fragt Felipe.
„Nein, für uns alle zusammen."
„Das sind ja nur sechshundert Euro für jeden."
„Sag' ich doch, du Schlaumeier[21]! Sechs Richtige wären besser gewesen. Hier: 430.464,50 Euro!"
Paco liest den Ausdruck mit den Gewinnquoten.
Dann überlegt er.

„Lotto, 6 aus 49, Ziehung vom Samstag, den 27. Du hast doch die 27 getippt und die Wochen – wie lange sind wir ein Paar?"
„Mit dieser Woche sind es 44, Schatz!"

20 *checken*: aus dem Englischen, ugs. hier für *prüfen*, *nachsehen*, *kontrollieren*
21 *der Schlaumeier*: ugs. hier für eine Person, die denkt, dass sie klug ist, sie ist es aber nicht wirklich

BIG HORSE

„Und am Samstag waren es 43?"
„Ja, zählen kann ich gut, sonst hätte mich Leo schon längst rausgeschmissen."
„Hast du deine SMS noch, Felipe?"
„Welche? Ich schreibe viele."
„Hombre[22], nerv nicht! Ich meine deine SMS von gestern. Wir haben gewonnen - oder so."
„Ach, die! Klar! Hier."
Felipe drückt auf sein Handy und liest die Zahlen vor.
„7, 10, 15, 27, 33, 42."
„43!" ruft Anna. „Ich habe 43 gesagt!"
„Aber Benno hat leider die 42 getippt. Sonst ..."
„Sonst was?"
„Sonst hätten wir sechs Richtige!"
„Und vierhundertdreißigtausend Mäuse[23]!"

Langsam legt Paco das Blatt auf den Tisch zurück.
„Hat jemand von euch den Lottoschein gesehen?"
„Nö", antwortet Felipe. „Gestern hat er ihn doch nicht dabei gehabt."
Leise sagt Paco: „Das Geld bekommt der, der den Schein hat."
Anna sieht Paco erschrocken an. „Du meinst ...?"
„Wo ist eigentlich Benno?"
„Das haben wir gleich!", sagt Felipe und wählt Bennos Handynummer.
Alle sehen gespannt[24] zu Felipe.
„Nichts. Er nimmt nicht ab und die Mailbox ist auch nicht eingeschaltet."
„Merkwürdig ..."

22 *Hombre!* spanisch *Mensch!*
23 *Mäuse*: hier ugs. für *Geld* bzw. *Euro*
24 *gespannt*: hier: sehr interessiert und ein bisschen aufgeregt

„Na, keinen Prosecco heute Abend?"
Leo kommt mit einem Glas Bier an den Tisch und setzt sich.
Er trinkt einen großen Schluck.
„Ah, das tut gut! Heute war viel los. Zum Glück! Ich muss ja mein Geld mit der Kneipe verdienen, aber ihr … – he, was ist mit euch? Lottogewinner sehen glücklicher aus."
„Hast du Benno heute gesehen?"
„Ja, der ist heute Mittag nach Hause gekommen und dann ist er wieder weggegangen."
„Er ist mittags nach Hause gekommen? Er arbeitet doch!"
„Und seine Chefin ist ätzend[25]! Die lässt ihn doch nicht so einfach nach Hause gehen", meint Felipe.
„Gibt's ein Problem?" Leo sieht die drei jungen Leute an.
Paco zuckt die Schultern und erzählt von ihrem Verdacht.
Leo hört aufmerksam zu, dann sagt er:
„Ich mache jetzt Feierabend und dann gehe ich noch ein bisschen ins Atelier." Ü14

25 *ätzend*: ugs. für *furchtbar*, *schrecklich*

8

Benno ist müde.
Mittags ist er von der Arbeit nach Hause gefahren. Seine Chefin hat ihm einen halben Tag freigegeben. Dann hat er seine alte Schulfreundin Anja besucht. Anja wohnt in Stade und sie haben sich schon eine halbe Ewigkeit[26] nicht mehr gesehen.

Ü15 Sie haben geredet und geredet.

26 *eine halbe Ewigkeit*: ugs. für *eine sehr lange Zeit*

Am nächsten Morgen sitzen Anja und Benno beim Frühstück in der Sonne.
„Noch einen Kaffee?"
„Ja, bitte. Dann muss ich los."
„Keine Hektik, ich bringe dich hin. Mit dem Auto ist das nicht weit. Und vom Industriegebiet nimmst du den Bus zum Bahnhof. Das geht schnell, vielleicht zwanzig Minuten."
„Danke!"
„Dafür versprichst du mir, dass du mich bald mal wieder besuchst, nicht erst in fünf Jahren."
„Versprochen!", sagt Benno. „Aber du kannst mich ja auch mal besuchen."
„Komm du lieber zu mir. Großstadt ist nichts für mich. Ich bin lieber auf dem Land. Außerdem muss ich mich ja um meinen Garten kümmern, bald ist Erntezeit[27]."

„Wenn mein Job im Kaufhaus zu Ende ist, kann ich dir ja bei der Ernte helfen."
„Genau! Ferien auf dem Bauernhof!", lacht Anja. „Aber im Ernst, das ist eine gute Idee. Es gibt viel zu tun."
„Ich komme bestimmt!" ❯ 16

Pünktlich um neun Uhr geht Benno in das Gebäude der Wäscherei Petersen.
Es riecht stark nach Waschmittel und Chemie.
Im Flur sieht er ein Schild: Büro.
Er geht zu der Glastür und klopft.
„Herein!"

27 *die Erntezeit:* wenn Obst, Gemüse, Getreide reif sind zum Pflücken, Schneiden, Mähen

Benno geht in das Büro von Herrn Petersen.
Hinter dem Schreibtisch sitzt ein dicker Mann im weißen Mantel.
„Guten Morgen, Herr Petersen. Mein Name ist Benno, wir haben gestern telefoniert."
„Ah, ja. Ich erinnere mich. Kommen Sie, junger Mann. Ich zeige Ihnen den Karton, suchen müssen Sie schon selbst."
Herr Petersen steht auf und geht mit Benno in einen Abstellraum. In einem Regal an der Wand stehen Kartons. Einige sind beschriftet.

Benno liest: „Hotel Schwan, Pension Elisabeth, MicroLab, Kaufhaus."

Herr Petersen nimmt den Karton mit der Aufschrift *Kaufhaus* und stellt ihn auf einen kleinen Tisch.
„Bitte schön!"
Er öffnet den Karton und nimmt einen großen Umschlag heraus. „So, da drin sind die Sachen vom Montag. Wir heben das Zeug ein paar Wochen auf und dann schmeißen wir sie weg. Wir sind ja schließlich kein Fundbüro[28]. Ich muss wieder in mein Büro. Ach ja, machen Sie bitte das Licht aus, wenn Sie fertig sind!"

Ü17

Herr Petersen ist weg.
Benno ist aufgeregt. Vorsichtig nimmt er den Umschlag.
Der Umschlag ist mit Klebeband verschlossen. Benno öffnet den Umschlag und schüttet den Inhalt auf den Tisch:
Kaugummi, Büroklammern, eine Schachtel Zigaretten, Kleingeld, Taschentücher, Fahrscheine, ein Taschenmesser. Kein Lottoschein.
Bennos Hände zittern.
Er wühlt die Sachen auf dem Tisch durch.
Kein Lottoschein.
Er dreht den Umschlag um und sieht rein. Da ist doch noch was? Ganz tief im Umschlag hat sich etwas verklemmt. Benno greift rein und zieht das Stück Papier heraus.
Der Lottoschein!
Alles ist gut!

Ü18

28 *das Fundbüro*: eine offizielle Stelle in der Stadt, hier kann man gefundene Sachen abgeben und nach verlorenen fragen

9

Pünktlich um 12 Uhr kommt Benno an seinen Arbeitsplatz.
Er geht sofort zum Büro seiner Chefin.
Die Tür steht weit auf.
Er klopft trotzdem.
„Hallo, ich bin wieder da!"
„Na fein. Dann mal rasch[29] an die Arbeit. Hat gestern alles geklappt?"
„Gestern? Ach so, klar. Und danke noch mal. Meine Oma ..."
„Ja, ja. Grüßen Sie sie das nächste Mal von mir! Ach ja, Benno, ein Herr Leo hat für Sie angerufen. Ich glaube, der sucht Sie."
„Danke, das ist mein Vermieter. Ich rufe ihn gleich zurück."
„Aber nicht während der Arbeitszeit!"

Benno geht ins Lager.
„Hat die Chefin beim letzten Satz gelächelt? Oder habe ich mir das nur eingebildet? Ich glaube, die Geschichte mit meiner kranken Oma hat sie mir nicht geglaubt. Aber egal, ich habe den Lottoschein."
„Führst du Selbstgespräche[30]?"
„Oh, Samira. Hallo. Ähm, nee, ich, also ..."
„Schon gut. Komm, im Lager ist mal wieder Chaos."
„Kein Wunder, ich war ja einen halben Tag nicht da", kichert
› Ü19 Benno.

29 *rasch: schnell*
30 *das Selbstgespräch*: man spricht mit sich selbst

Kaffeepause.
Benno hat sich am Automaten einen Kaffee geholt.
Er geht mit dem Kaffeebecher in den Hof und nimmt sein Handy.
Wen soll er zuerst anrufen?
Oder soll er an alle Mitspieler eine SMS schicken?
Vielleicht haben sie sich ja komische Gedanken gemacht. Nicht einmal Leo hat er Bescheid gesagt.
Aber hätten sie ihm die Geschichte mit dem Lottoschein in der Wäscherei geglaubt?
Benno überlegt. Er klickt die gespeicherten Nummern an.
„A – A wie Anja!“ Ü20

Anna sitzt in der Bibliothek und arbeitet. Sie ist unkonzentriert. Sie schaltet ihr Handy ein und schreibt Paco eine SMS.
Um 16 Uhr 30 packt sie ihre Tasche und fährt zu Leo.
Sie arbeitet heute von 17 bis 22 Uhr.
In der U-Bahn-Station klingelt ihr Handy.
„Na, mein Lieber?"
„Bist du noch in der Uni?"
„Nein, ich bin auf dem Weg zu Leo. Hast du was rausbekommen?"
„Ja. Ich erzähle euch nachher, was wir machen müssen. Ich bin so gegen halb neun bei Leo. Ich freue mich auf dich!"
Ü21 „Ich freue mich auch! Bis später."

10

Am Abend bei *Leo & Co.*

Um neun Uhr kommt Paco ins Lokal. Heute kann man nicht draußen sitzen, es regnet schon wieder.

An einem Tisch sitzt Felipe. Er wartet ungeduldig.

„Na endlich!"

„Hombre, immer mit der Ruhe. Uni, Job, das dauert eben. Hast du Anna gesehen?"

„Sie ist in der Küche bei Leo."

„Oh Mann, hab' ich Hunger! Was gibt's heute?"

„Keine Ahnung, ich hab' zu Hause gegessen."

„Was ist los, Felipe? Warum bist so genervt? Jetzt ist doch alles in Butter[31]. Todo bien![32]"

„Gar nichts ist in Butter. Warum hat der Idiot die Zahlen denn nicht richtig angekreuzt? Über 100.000 Euro für jeden. Wahnsinn! Und jetzt, gerade mal sechshundert."

„Das ist eben Pech."

„Pah!"

Nach ein paar Minuten kommt Anna an den Tisch und bringt zwei Teller.

„Ente süß-sauer, mit Empfehlung vom Chef."

„Ich habe schon gegessen!", mault[33] Felipe.

„Der zweite Teller ist für mich."

Anna setzt sich zu den beiden.

„Hm, köstlich!"

31 *alles in Butter*: ugs für *alles ist gut*
32 *todo bien*: spanisch *alles ist gut*
33 *maulen*: unfreundlich sprechen, schimpfen

„Ja, wirklich. Willst du mal probieren?"
„Nein danke, ich mag so was nicht. Erzählt mir lieber mal, wie das mit unserem Gewinn jetzt weitergeht."
„Hm, ich habe im Internet recherchiert. Einer oder eine von uns muss mit dem Schein zur Lottoannahmestelle gehen, die Adresse und das Konto angeben, und dann wird der Gewinn überwiesen."
„Und welche Kontonummer geben wir an?"

„Schmeckt's?"
Leo kommt an den Tisch und setzt sich zu den drei Lottospielern.
„Wunderbar!"
„Köstlich!"
„Danke, danke! Ich habe auch noch eine Portion für dich, Felipe."

„Nein, danke, mir reicht's."
„Oh, schlechte Laune, was?"
„Leo! Telefon für dich!" Klaus Meier steht am Tresen und hält einen Telefonhörer hoch.
„Entschuldigt mich mal eben."
Leo geht zum Tresen und Klaus gibt ihm das Telefon. Er flüstert: „Benno!"
Leo geht mit dem Telefon in die Küche.

Ü22
Ü23

Klaus zapft sich ein Bier und geht zurück zu seinem Tisch.
„Guten Appetit!"
„Wer hat denn angerufen?"
„Du bist ja ganz schön neugierig, junger Mann. Leo telefoniert mit Benno."
„Mit Benno?"
„Der müsste doch längst hier sein. Also, wenn der heute wieder nicht kommt, dann ..."
„Felipe hat recht, langsam glaube ich auch, dass da irgendwas faul ist[34]."
„Beruhigt euch, Jungs, ich frage mal nach."
Anna legt ihre Gabel weg und geht in die Küche.
„Leo!"
Die Küche ist leer.

Anna kommt zum Tisch zurück.
„Und?"
„Keine Ahnung, in der Küche ist er nicht."
„Da kommt er!"

34 *da ist etwas faul*: ugs. für Vermutung, dass etwas nicht in Ordnung ist

„Tja, schlechte Nachrichten, ihr Lieben. Benno kommt nicht. Heute nicht, morgen nicht, vielleicht gar nicht mehr."
„Ich glaub's nicht!", stöhnt Paco.
„Ich hab's gewusst! Der Dieb! Er hat uns den Gewinn geklaut!"
„He, he, ruhig Blut[35], Felipe. Du möchtest sicher das hier, oder?"
Leo zieht aus dem Briefumschlag den Lottoschein und die Quittung.

35 *Ruhig Blut!*: ugs. für *Bleib ruhig! Keine Aufregung!*

„Einen Brief hat er auch dazu gelegt."
„Lies mal vor!"
„Den könnt ihr ruhig selbst lesen. Ich trinke jetzt ein Bier mit Klaus. Meinem Freund!" Ü24

„Was meint er damit?"
„Na, was wohl? Gib mir mal den Brief!"

Liebe Freunde,
auf der Suche nach dem Lottoschein
habe ich was ganz anderes gefunden,
etwas, das man mit Geld nicht kaufen kann!
Teilt euch den Gewinn, ich bin auch so glücklich!
Bis bald,

euer Benno

„Das verstehe ich nicht ganz," sagt Felipe. „Aber egal, Hauptsache, wir haben jetzt den Lottoschein. Und wenn der Gewinn nur durch drei geht, kann ich davon fast schon mein neues Mofa bezahlen."

ENDE

KAPITEL 1

1 Welche Informationen bekommen Sie über die Personen? Notieren Sie.

Paco: ______________________________

Anna: ______________________________

Felipe: ______________________________

2 Was passt? Ordnen Sie zu.

1. Paco, Anna und Felipe haben	A eine große Reise machen.
2. Sie wollen	B ein Problem.
3. Im Jackpot sind	C keinen Lottoschein abgeben.
4. Damit könnten sie	D eine Idee.
5. Leider gibt es	E Lotto spielen.
6. In der Nähe können sie	F Hilfe von Benno.
7. Deshalb brauchen sie	G 10 Millionen Euro.

3a Richtig oder falsch? Hören Sie und kreuzen Sie an:

	R	F
1. Benno soll für Anna, Paco und Felipe einen Lottoschein abgeben.	☐	☐
2. Benno soll für seine Freunde eine Reise in die Karibik bezahlen.	☐	☐

3b Welche sechs Lottozahlen soll Benno spielen? Hören Sie noch einmal und notieren Sie die Zahlen.

4 Ordnen Sie das Gespräch. Nummerieren Sie die richtige Reihenfolge. Hören Sie dann noch einmal und vergleichen Sie.

___ „Tja, mein Lieber, den Gefallen tu ich euch gern, aber nur, wenn ihr mich mitnehmt!"

„Logisch! Du musst ja auch den Schein ausfüllen und leider auch bezahlen. Aber das Geld bekommst du heute Abend bei Leo."

„Schon gut. Dann sag mal die Zahlen."

_1_ „Hi, hier ist Benno."

„Hallo, Benno, hier ist Paco. Na, wie läuft's?"

„Wie soll's schon laufen? Arbeit eben. Aber in zwei Stunden ist Feierabend. Treffen wir uns heute Abend?"

___ „Nicht ich spiele Lotto: wir!"

„Wer ist wir?"

„Anna, Felipe und ich. Wir sitzen hier bei Felipe in der Eisdiele und planen gerade unseren Trip in die Karibik."

„Verstehe! Und jetzt braucht ihr das nötige Kleingeld."

„Genau!"

___ „Klar, Mann! Aber vorher habe ich noch eine Bitte an dich."

„Aha, dann schieß los."

„Kannst du für uns mal kurz in den Lottoladen runtergehen und einen Schein ausfüllen?"

„Wie bitte? Seit wann spielst du Lotto?"

___ „Ja, ja. Also 7, 10, 15, 33 und von Anna die 27 und die 42. – Äh, nein, die 43. Okay?"

„Okay, ich hab's notiert. Bis später! Tschüs!"

___ „Also pass auf: Von mir die 15 und die 33.

Ich brauche eure Zahlen, bitte!

Von Felipe die 10 und die 7 ...

„Mann, das ist ja völlig durcheinander! Kannst du mir nicht einfach die sechs Zahlen sagen?"

KAPITEL 2

5a Wie haben Anna, Paco und Felipe ihre Zahlen ausgewählt? Erklären Sie.

____

____

____

5b Glauben Sie auch an Zahlenmagie? Was sind Ihre Glückszahlen? Warum?

Meine Glückszahlen:

6a Lesen Sie die Fragen, hören und antworten Sie.

1. Bis wann kann man einen Lottoschein abgeben? Bis ____________ .
2. Was kostet ein Spiel? ____________ Euro.

6b Hören Sie noch einmal und ergänzen Sie.

„Einmal bitte!"

„Was ____________ Sie?"

„Ich möchte einen Tipp abgeben. Also einen ____________ , bitte."

„Junger Mann, die Lottoscheine sind dort drüben auf dem Tisch.

Aber beeilen Sie sich. Um ____________ ist ____________!"

„Und da kreuze ich ____________ Kästchen an?"

„Klar. Pro ____________ sechs Kästchen. Sie können aber auch mehrere Spiele machen."

„Aha. Das ____________ aber dann auch ____________, oder?"

„Natürlich, pro Spiel ____________. Haben Sie noch nie Lotto gespielt?"

„Ehrlich gesagt, nein."

KAPITEL 3

7 **Leo und Klaus Meier glauben nicht wirklich an das Lottoglück. Warum nicht?**

____

KAPITEL 4

8 **Haben Sie die Zahlen richtig notiert? Vergleichen Sie mit Ihren Zahlen in Übung 3.**

9a **Hören Sie und vergleichen Sie die Zahlen. Hat Benno richtig getippt?**

Ja, ____

Nein, ____

9b **Welche Sätze passen? Ergänzen Sie den Dialog. Hören Sie dann noch einmal und vergleichen sie.**

Du, ich muss Schluss machen, • Den Lottoschein, wieso? • Mensch, Felipe, ich bin hier in der Arbeit. Warte mal kurz. • Ja bitte?

„____"

„Hi, Alter! Hier ist Felipe. Sag mal, Benno, hast du den Lottoschein bei dir?"

„____"

„Ich hab' hier die Gewinnzahlen vom Samstag. Ich glaube, das sieht ganz gut aus. Kannst du sie mir mal durchgeben?"

„____

Hier sind sie: 7 – 10 – 15 – 27 – 33 – 42. ____________________

______________________________, meine Chefin ...“

KAPITEL 5

10 Wo ist der Lottoschein? Wissen Sie es? Notieren Sie Ihre Vermutung.

Ich glaube, er ist ...
Vielleicht ist er auch ...
Oder ...

11 Welche Wörter passen zu wem? Ordnen Sie zu.

gut gelaunt • stolz • nervös • ruhig • glücklich • unruhig • hysterisch • fröhlich

Anna ist ____

Paco ist ____

Felipe ist ____

Benno ist ____

KAPITEL 6

12 Was ist passiert? Ergänzen Sie die Sätze.

Der Lottoschein ____________________________________

Am Montag gibt es __________________________________

Die alte Arbeitskleidung ____________________________

Benno ruft ______________________________________

Er braucht ______________________________________

13a Benno bekommt eine wichtige Information von Herrn Petersen. Welche ist richtig? Hören Sie und kreuzen Sie an.

	R	F
1. Herr Petersen sagt, dass die Wäscherei die Arbeitskleidung vor dem Waschen kontrolliert und alles in einem Karton sammelt.	☐	☐
2. Herr Petersen sagt, dass er die Arbeitskleidung nicht kontrolliert, weil er dazu keine Zeit hat.	☐	☐

13b Hören Sie noch einmal und ergänzen Sie.

„Petersen!“

„Guten Morgen! Benno hier, ich ________________ im Kaufhaus und Sie ________________ für uns?“

„Richtig.“

„Ja, hm, ich habe etwas sehr Wichtiges in meinem Arbeitsmantel ________________

... und ... das brauche ich dringend!“

„Dann ________________ Sie es doch.“

„Wie? Was ________________ Sie damit?“

„Hören Sie, ich ________________ wenig Zeit. ________________ Sie her und holen Sie das ab.“

„Sie haben das nicht mitgewaschen?“

„Wir leeren vor dem Waschen alle Taschen aus. Was meinen Sie, was Leute alles so in ihren Taschen haben. Wir ________________ vorher alles aus, sonst ________________ unsere Maschinen kaputt.“

„Und das heben Sie dann auf?“

„Das kommt alles in einen Karton. Kommen Sie einfach vorbei. Einen schönen Tag noch!“

„Danke.“

KAPITEL 7

14 Richtig oder falsch? Kreuzen Sie an.

	R	F
1. Anna, Paco, Felipe und Benno haben 430.664,50 Euro im Lotto gewonnen.	☐	☐
2. Anna arbeitet nicht mehr bei Leo, weil sie jetzt reich ist.	☐	☐
3. Felipe hat sich gleich einen neuen Roller gekauft.	☐	☐
4. Paco findet den neuen Roller verrückt.	☐	☐
5 Paco denkt, dass Benno den Gewinn vielleicht nicht mit ihnen teilen will.	☐	☐

KAPITEL 8

15a Um wie viel Uhr muss Benno in der Wäscherei sein? Hören Sie und notieren Sie.

____

15b Bringen Sie das Gespräch in die richtige Reihenfolge, nummerieren Sie. Hören Sie dann noch einmal und vergleichen Sie.

___ „Nein danke, Anja. Ich glaube, ich gehe jetzt mal schlafen."

_1_ „Möchtest du noch was?"

___ „Klar, ich muss erst gegen neun dort sein. Ach ja, wo ist eigentlich diese Wäscherei?"

___ „Du weißt ja, wo das Gästezimmer ist. Jedenfalls hat mich dein Besuch richtig gefreut. Wir sehen uns viel zu selten. Und morgen können wir ja noch zusammen frühstücken, oder?"

___ „Danke noch mal und bis morgen."

___ „Schlaf gut!"

___ „Im Industriegebiet. Siehst du gleich, der hässlichste Bau von allen."

16 Lesen Sie die Fragen und antworten Sie.

1. Wer ist Anja?

___

2. Wo wohnt sie?

___

3. Warum kann Anja Benno nicht in der Großstadt besuchen?

___

17 Was ist richtig? Markieren Sie.

1. a Am Vormittag geht Benno in die Wäscherei Petersen. ☐
   b Am Nachmittag geht Benno in die Wäscherei Petersen. ☐
2. a Herr Petersen zeigt Benno den Karton. ☐
   b Benno muss den Karton selbst suchen. ☐
3. a Die Wäscherei hebt die Sachen ein paar Tage auf und schickt dann alles an die Firmen zurück. ☐
   b Die Wäscherei hebt die Sachen ein paar Wochen auf und schmeißt dann alles weg. ☐
4. a Benno darf nach dem Lottoschein suchen, aber Herr Petersen möchte dabei sein. ☐
   b Herr Petersen lässt Benno allein und Benno kann den Lottoschein allein und in Ruhe suchen. ☐

18a **Was findet Benno im Umschlag? Schreiben Sie die Wörter.**

18b **Wo war der Lottoschein?**

____

KAPITEL 9

19 **Es ist sehr viel los in der Firma, aber Sie brauchen unbedingt einen halben Tag frei. Wie erklären Sie das Ihrem Chef / Ihrer Chefin? Sammeln Sie.**

Meiner Oma geht es sehr schlecht. Sie braucht mich.

20a Warum ruft Benno Anja an? Hören Sie und kreuzen Sie an.

	R	F
1. Benno möchte sich bei Anja für den schönen Abend bedanken.	☐	☐
2. Er möchte ihr von der Wäscherei Petersen erzählen.	☐	☐
3. Er möchte Anja wiedersehen.	☐	☐

20b Hören und lesen Sie und vergleichen Sie mit 20a.

„Hallo, Benno!“
„Wie? Woher weißt du?“
„Ich habe deine Nummer auch gespeichert.“
„Ach so?“
„Wo bist du?“
„Ich? Ich bin im Kaufhaus, wo soll ich sonst sein?“
„Na ja, war nur eine Frage. Hat alles geklappt bei Petersen?“
„Bei Petersen? Ja, ja alles bestens.“
„Und warum rufst du an?“
„Ach so, ja, ich wollte dich fragen, wann beginnt eigentlich die Erntezeit?“
„Heute.“
„Aha.“
„Kommst du?“
„Klar! Gleich nach der Arbeit. Ich arbeite bis um acht, dann muss ich noch was erledigen und dann ...“
„Der letzte Zug vom Hauptbahnhof fährt um 22 Uhr.“
„Den schaff’ ich leicht!“
„Ich hol’ dich ab!“

21a Was hat Anna in ihrer SMS an Paco vielleicht geschrieben? Schreiben Sie die SMS.

Hallo, mein Lieber,
...

21b Was soll Paco „rausbekommen"? Haben Sie eine Idee? Notieren Sie.

KAPITEL 10

22 Warum ruft Benno Leo an? Was möchte er ihm sagen? Erfinden Sie ein kurzes Telefongespräch zwischen Benno und Leo.

Leo: Hallo, Benno! ______________________

Benno: ______________________

____

____

____

____

____

____

____

____

23 Das sagen die beiden wirklich. Hören Sie und lesen Sie.

„Ja, Benno, was gibt's?"
„Sind alle da?"
„Ja, und du solltest auch schnell kommen, es gibt noch eine Portion von meiner Ente süß-sauer."
„Ich komme nicht, Leo. Heute Abend

nicht und sicher noch nicht in den nächsten Tagen. Ich muss bei der Ernte helfen."
„Aha. Bei der Ernte ..."
„Genau! Anja ..."
„Anja?"
„Ich hab' jetzt nicht so viel Zeit, Leo. In meinem Zimmer liegt ein Umschlag auf dem Schreibtisch. Kannst du ihn bitte den anderen geben? Eigentlich wollte ich ja selbst nach der Arbeit – aber der letzte Zug ..."
„Kein Problem, mach' ich. Und dein Job?"
„Meine Chefin hat mir Urlaub gegeben. Sie ist wirklich nett."
„Stimmt, wir haben uns heute auch sehr nett unterhalten ..."
„Leo!"
„Schon gut, beeil dich. Verpass deinen Zug nicht!"

24 Benno hatte den ganzen Tag viel zu tun. Wie kommt der Lottoschein in Bennos Wohnung?

Keine Ahnung! / Ganz einfach! ... / Wahrscheinlich ... / Ich glaube, ... / Das ist nur so möglich: ... / Vielleicht ... / Woher soll ich das wissen?

A VOM GLÜCK

1 Was macht Sie glücklich? Notieren Sie fünf Dinge.

a ______________________________

b ______________________________

c ______________________________

d ______________________________

e ______________________________

B PLÖTZLICH REICH!

2 Stellen Sie sich vor, Sie haben drei Millionen Euro in einer Lotterie gewonnen. Wie reagieren Sie? Kreuzen Sie an.

Massen-Ansturm auf Lotto-Annahmestellen!

30 Millionen im Jackpot!

Jackpot geknackt!

- ☐ Ich kündige meinen Job.
- ☐ Ich verschenke die Hälfte.
- ☐ Ich gründe eine Firma.
- ☐ Ich wandere aus.
- ☐ Was soll ich denn mit so viel Geld machen?
- ☐ Ich kaufe mir ein teures Auto.
- ☐ Ich mache eine Weltreise.
- ☐ Ich bringe alles zur Bank und denke erst einmal in Ruhe nach.
- ☐ Was? Nur drei Millionen?
- ☐ Ich feiere eine große Party mit allen Freunden, dann sehe ich weiter.
- ☐ Ich verändere nichts und genieße das gute Gefühl, dass ich ab jetzt keine finanziellen Sorgen mehr habe.
- ☐ Ich investiere in Aktien und mache aus den drei Millionen möglichst schnell fünf Millionen.
- ☐ Ich kaufe/baue ein großes Haus.

☐ ______________________________

3 Geben Sie den drei Textabschnitten eine Überschrift.

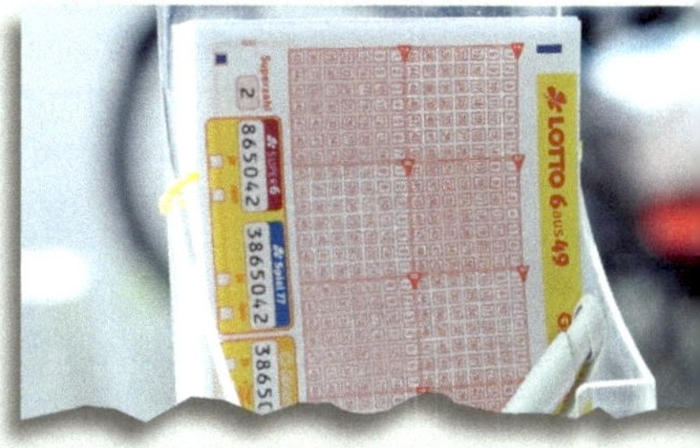

Seit 1955 sind in Deutschland rund 4200 Personen durch das Lottospiel reich geworden. Die meisten von ihnen haben mehr als eine Million DM bzw. Euro gewonnen. Und was machen die Lottomillionäre mit dem plötzlichen Geldsegen?
Immobilien, teure Autos und Reisen stehen auf der Liste der Träume ganz oben. Manche freuen sich, weil sie mit dem Gewinn Schulden bezahlen oder ihre Kinder oder ihre Eltern unterstützen können. Andere gründen eine Firma oder machen großzügige Geschenke. Und wieder andere machen mit den Lottomillionen gar nicht viel. Das gute Gefühl, Geld zu haben, ist genug. Sie gehen weiter zur Arbeit, bleiben in der alten Wohnung, fahren einmal mehr in Urlaub und leisten sich ein schöneres Hotel. Ab und an ein kleiner Luxus und ansonsten das beruhigende Gefühl, dass sie alle Rechnungen pünktlich bezahlen können. Diesen Menschen ist vor allem eins wichtig: dass der Reichtum möglichst lange erhalten bleibt. Allerdings sind diese Menschen in der Minderzahl.
Für die meisten Lottogewinner ist das schnelle Glück flüchtig wie ein Traum: Rund 80 % von ihnen haben spätestens zwei Jahre nach dem Millionengewinn nichts mehr oder weniger als davor. Das viele Geld ist weg. Verschenkt, verschleudert, falsch investiert. Nicht wenige von ihnen sind verschuldet oder leben von Sozialhilfe. Aber nur wenige sind traurig darüber, denn Glück und Reichtum, so haben sie erfahren, sind zwei sehr unterschiedliche Dinge.

Abschnitt 1: ______________________________

Abschnitt 2: ______________________________

Abschnitt 3: ______________________________

4 Wo steht das im Text?

Viele Lottomillionäre haben mehr als eine Million gewonnen.
Zeile/n: __________

Die meisten Lottospieler haben keine ausgefallenen Träume.
Zeile/n: __________

Die wenigsten Lottomillionäre achten darauf, dass ihnen das Geld möglichst lange bleibt.
Zeile/n: __________

Die meisten Lottomillionäre sind nach zwei Jahren wieder „arm".
Zeile/n: __________

C TIPPS FÜR LOTTOGEWINNER

Die Berater der Lottogesellschaft empfehlen den Gewinnern, sie sollen Ruhe bewahren und sich an die neue Situation gewöhnen. Niemandem von dem Gewinn erzählen, keine rauschende Party feiern, den Arbeitsplatz nicht gleich kündigen, kein dickes Auto vor die Tür stellen, nicht durch plötzlichen Luxus auf sich aufmerksam machen und sich eine Bank am besten in einer Großstadt suchen.

Erfahrungen zeigen, dass die Menschen, die das Geld am nötigsten brauchen, am schlechtesten damit umgehen können. Die soziale Verantwortung ist bei Menschen mit wenig Geld oft stark ausgeprägt. Sie verschenken großzügig Geld an die Familie, an Freunde, können sich aber nicht gegen falsche Freunde und Berater wehren. Viele Lottogewinner wollen ihr Geld schnell vermehren, machen aber schlechte Geschäfte und verlieren am Ende alles. Außerdem wird Geld, für das man nicht gearbeitet hat, schneller und leichtsinniger ausgegeben.

5 Welche groben Fehler machen viele Lottogewinner? Notieren Sie Stichwörter.

D DIE SACHE MIT DEM GLÜCK

In Deutschland liegt die Chance auf sechs Richtige plus Superzahl bei 1 zu 140 Millionen. Die Chance auf sechs Richtige ohne Superzahl bei 1 zu 15 Millionen. Die Chance, überhaupt etwas zu gewinnen, bei 1 zu 54. Trotzdem spielen 40 % der Deutschen mindestens einmal im Jahr Lotto. 20 % spielen regelmäßig und investieren dabei ca. 30 Euro pro Monat. Die Spieler wissen, dass sie mit größter Wahrscheinlichkeit nicht gewinnen werden. Aber die Hoffnung ist einfach größer. Ein Lottoschein ermöglicht Träume: Was könnte man mit richtig viel Geld alles machen? Lotto ist das einzige Glücksspiel, bei dem man mit minimalem Einsatz einen enormen Gewinn erzielen kann. Und tatsächlich wurde schon so mancher Riesenjackpot mit einem Lottoschein für ein paar Euro geknackt.

Und wie ist das mit dem Glück? Lottogewinner bestätigen, dass das Geld sie nicht unbedingt glücklicher gemacht hat. Hirnforscher wissen, dass die Vorfreude die schönste

Freude ist und vor allem intakte soziale Beziehungen Garanten für dauerhaftes Glück und Freude sind. Amerikanische Wissenschaftler haben bereits 2002 herausgefunden, dass es einen Zusammenhang von Glück und Dankbarkeit gibt, und empfehlen ein Dankbarkeitstagebuch: Man solle sich jeden Tag fünf Dinge notieren, für die man dankbar ist. Und in noch einem Punkt sind sich die Glücksforscher einig: Die ständige Suche nach dem Glück macht unglücklich.

6 Richtig oder falsch? Kreuzen Sie an.

	R	F
Es ist unwahrscheinlich, dass man beim Lotto viel gewinnt.	☐	☐
Nur wer für viel Geld Lotto spielt, kann auch viel Geld gewinnen.	☐	☐
Geld macht nicht unbedingt glücklich.	☐	☐
Wer permanent das Glück sucht, wird nicht glücklich.	☐	☐

E GESCHICHTE DES LOTTOSPIELS

Bekannt ist das Lottospiel seit dem 15. Jahrhundert. Es wurde in Genua (Italien) entdeckt. Ursprünglich wurde der Stadtrat per Los gewählt. Aber schon bald erhielt es seine Bedeutung als reines Glücksspiel. Weil der Veranstalter viel Geld damit verdiente, hatten schnell nur Herrscher oder Regierungen das Recht, Lotterien zu veranstalten. Daran hat sich bis heute weltweit nichts geändert. Im 16. und 17. Jahrhundert hat man mit den staatlichen Einnahmen aus dem Lottospiel hauptsächlich das Land nach Kriegen wieder aufgebaut. So gab es 1945 auch in Berlin eine Stadtlotterie für den Wiederaufbau. Heute fließen 30 % der Einnahmen in soziale und kulturelle Projekte.
In der ehemaligen DDR gab es eine staatliche Lotterie seit Anfang 1954. Im Sommer 1955 gründeten vier Bundesländer in der BRD die staatliche deutsche Lotterie „Deutscher Lottoblock“. 1959 waren alle Bundesländer Mitglied in der staatlichen Lotterie der BRD. 1956 gab es den ersten Lottomillionär. Im September 1965 gab es die Ziehung der Lottozahlen „6 aus 49“ zum ersten Mal live im Fernsehen. Die Spieleinsätze betragen rund 5 Milliarden Euro pro Jahr, die staatliche Lotterie ist also bis heute ein gutes Geschäft.

7 Beantworten Sie die Fragen.

a Seit wann kennt man das Lottospiel?

____

b Wer darf Lotterien veranstalten?

____

Übersicht über die in dieser Reihe erschienenen Bände:

Stufe 1 ab A1

Das schnelle Glück
Der 80. Geburtstag
Die Neue
Die Prinzessin
Ein Hundeleben
Gebrochene Herzen
Miss Hamburg
Schwere Kost

Stufe 2 ab A2

Der Einbruch
Der Jaguar
Große Gefühle
In Gefahr
Liebe im Mai
Oktoberfest – und zurück
Schöne Ferien
Unter Verdacht

Stufe 3 ab B1

Hinter den Kulissen
Leichte Beute
Speed Dating
Stille Nacht